embrião

César Magalhães Borges

embrião

poemas

Copyright © 2018 César Magalhães Borges

Edição
Marcelo Nocelli

Revisão
César Magalhães Borges
Simone Azevedo

Direção de arte
César Magalhães Borges

Arte de capa
Carlinhos Muller
http://www.carlinhosmuller.com

Foto do autor
Lisandra Mola
(Parque Trianon, São Paulo)

Design e editoração eletrônica
Negrito Produção Editorial

Dados Internacionais de Catalogação na Publicação (CIP)
Bibliotecária Juliana Farias Motta (CRB 7-5880)

Borges, César Magalhães,1964-
    Embrião: poemas / César Magalhães Borges. – São Paulo:
Reformatório, 2018.
    112 p.; 14 x 21 cm.

    ISBN 978-85-66887-39-6

    1. Poesia Brasileira. I. Título: poemas.
B732e   CDD B869.1

Índice para catálogo sistemático:
1. Poesia brasileira

Todos os direitos desta edição reservados à:

Editora Reformatório
www.reformatorio.com.br

Agradecimentos

à Vida
que nos antecede,
que, em nós, se manifesta
e que nos ultrapassa

a Simone Azevedo,
pela vida inteira

mãe, pai, avós, tios, tias, irmão, irmãs,
primos, primas, amigos, amigas
que me viram
e me fazem
crescer

a Wagner Hilário, Castelo Hanssen, Simone Azevedo,
Lisandra Mola, Gláucia Lupatelli, Marcelo Nocelli,
Carlinhos Muller, Negrito Produção Editorial,
pelas mãos a esta obra

à musa da poesia

a cada leitor,
por compartilhar sentidos,

Muito Obrigado!

tabuleiro

olhe o tabuleiro
e diga o que quer

tenho balas,
     gomas,
     pirulitos,
     bombons,
     cigarros
  em carteiras,
     cigarreiras,
     isqueiros
  para homem
    e mulher

olhe o tabuleiro
e escolha o que quer

tenho romances
  em pedaços,
     poemas
     inteiros,
  uma vida
numa folha
  de papel

  é p'ra agora
ou p'ra viagem?

olhe o tabuleiro,
faça um pedido
e lhe dou
o que tiver...

Encomenda

Quando eu me for,
peço o cuidado
de dizer
ao maquiador
como eu era,
fale a ele
de minha leveza,
do meu conceito
de beleza
e deixe tudo
assim recomendado:

que não me ate
à gravata
porque vivi
a vida solto

que não me enlute
em traje social
porque nunca
me apertei
pelo pescoço
ou me apeguei
a colarinhos

→

que não corrija
a pose
porque sempre
saí torto
em todos
os retratos...

que minha barba
não faça,
que meus cabelos
não corte
nem os penteie
em demasia
porque zelo
jamais tive
em excesso

e diga a ele
que meu réquiem
é o rock'n'roll

→

Para o dia
do último cortejo,
fale aos amigos
que aceito
o riso
a reza
a flor
a vela
o afago
o beijo
e tudo que for
singelo
sincero
sim
porque sei
o que pode
ser meu
quando me for...

→

e que de mim
aceitem
o amor
que deixo
e o que
comigo
levo

o dia
que for...

Um banco. Um jornal. Um jardim

uma formiga
carrega
uma folha

a vida
          que foi
nas costas
da vida
         que vai

a mãe
        que leva
              à luz

o filho
        que vai
             ser pai

o inverno
        termina
             em flor

Terno

Ficou o portão
encostado,
sem trancas

Restou o amor
guardado,
sem trincas

Laços soltos
de um horizonte
sem amarras

e a janela
de meus olhos
sem cortinas

palavra por palavra

guardo sempre uma palavra
para quando for preciso:
bolso,
manga
ou plano B

uma palavra que mude
e se amolde
ao que for necessário

uma palavra que se cale
ao barulho,
que quebre
o silêncio,
que seja o seu lenço
no choro,
que seja o seu riso
no gozo,
que apanhe a batida
do coração

guardo uma palavra nova
para o chão batido
e uma palavra de memória
ao que se esqueceu

→

uma palavra nua
para o seu recato,
um recado
       uma carta
um poema
       que ajuste
as palavras juntadas
ao nosso sentimento

uma palavra que se atire,
       dispare
       e atue
para a palavra que pulsa,
       repousa
       e espera
outra palavra nascer

Sonho de Valsa

Em uma lata de Sonho de Valsa,
em um dia de namorados,
morava um presente.
Bom motivo para dançar
Bom gosto a adoçar os lábios
Bombom
de tudo bom,
aquele instante
rodava a pista
– silhueta de um casal –
rodava a trilha
na eletrola,
rodava,
rodava
e rodava...
Rodou, por fim, o relógio,
deixando um tempo
p'ra trás
e um só

$\rightarrow$

A lata vazia
se enchia, então,
de fotografias
    negativos
– chocolate ao leite –
bilhetes recebidos,
diversas vezes relidos,
devolvidos à lata,
já guardados de memória:

tampa que se fechou

Pela mesma porta
que o dia saiu,
a noite entrou
e o par se refez
sobre o ar rarefeito,
o par se encontrou
sob as estrelas brancas
do céu de junho
e juntos dançam
um sonho de valsa
mais uma vez.

sob seu sol

a saudade
visita
o hoje

a saudade
repete imagens,
diálogos,

conjuga
verbos
no passado,

usa roupas
de estações
trocadas,

alterna
do trem
as composições...

contemplo
sem dor
e entendo:

a saudade
é sempre
outro tempo

entre os Mouros

e se Dom Sebastião
não morreu
num campo de batalha,
se a história é falha
e ele caiu em cativeiro,
viveu prisioneiro
enquanto se esperava
sua volta para casa

e se Dom Sebastião
não morreu
nas Cruzadas,
mas em uma masmorra
esperando um socorro
que nunca
saiu de casa

e se Dom Sebastião
foi golpeado,
perdeu a memória
e da memória
viveu e
morreu
isolado

→

há um tempo
que o homem
sonha

há um tempo
que o homem
cria

há um tempo
que o homem
sofre

uma promessa
de amor

viúva
sem ter casado

Tela Viva

Uma noite,
após o trabalho,
um homem
fantasiou-se
pintor

    deu asas
    e corpo
    a uma
    borboleta
    esbelta
    bela
    cintura
    de
    bailarina
    e a cobriu
    de cores sutis
    semitons
    semi-cor
    que se furta
    a cada olhar

→

um dia,
enquanto o homem
trabalhava,
a borboleta
criou asas
de si própria,
descolou-se
  da tela
  e voou
  jardins
esquecidos
da memória,
namorou flores,
compôs paisagens,
viveu amores,
morou horas
  ao sol
de uma tarde
  azul
e, de volta
  à casa,
  pousou
  na tela
parecendo
inanimada

→

à noite,
após o trabalho,
o homem
olhou a tela
e sua beleza
intocada

De madrugada,
   sonhou
 que voava...

Mais que perfeito

Ah, quem me dera
ter um minuto a mais
para entender a hora,
ter todo instante
para estender o agora,
caber-me inteiro
no encontro
de dois braços,
guardar-me eterno
em um só momento,
acalentar o tempo
em disparada
para que durma
　e fique
um pouco mais aqui

→

Ah, quem me dera
o sol que doura
este segundo
cessasse o movimento
de sua fuga,
pintasse as nuvens
com a cor de seu ocaso,
deixasse a ruga
e o fio grisalho
para mais tarde
e eu repousasse
um pouco mais feliz

e quando o planeta
concluir seu giro,
que haja a luz
da nossa claridade
e a gente possa iluminar
tudo o que resta adiante
e o que foi
    nosso
passado aqui

Ah, o que o tempo
    nos dera
foi fora de si...

guache

gosto

           dos poentes

desses antes

           da noite

que mudam

           cores no céu

filtro de luz

           e atmosfera

esfera do sol

           e da terra

pincéis molhados

           de Deus

Tábuas da Lei

Estado Islâmico
Estado Cristão
Estado Judaico
Estado Hindu
Estado Xintó
Estado Xamânico
Estado Pagão
Estado Pan Théos
Estado Búdico
Estado Zen
Estado Afro...

For all I like
Estado laico

Sorrateiros

o que os reis
fazem em cima,
   os ratos
fazem
  embaixo

o que os reis fazem
com a prata,
   os ratos fazem
com os pratos

o que os reis
fazem sobre,
   os ratos fazem
com a sobra

a roupa
  do rei,
   o rato
está nu

os corredores
    do palácio
  ruas,
   subsolos

$\rightarrow$

roídos
ruídos

somente
quem tem
   dentes
cortantes,
incisivos,
crescimento
constante,
compulsivo,
enxerga

pelas frestas,
   rachaduras

quão perto
ou tão longe
da natureza
se encontram

reis e ratos
   à noite
se animam

joio

Deus inscreve tortos
em nossas linhas certas,
desenha morros
onde temos planos,
mostra que os contornos
também são direção

faz-se necessário
um trôpego
em nossas passarelas,
um daltônico
olhando nossas telas
de imagens definidas:
a cor é ilusão

precisamos do impreciso
em um mundo utilitário,
de um canhoto
quando tudo é adestrado,
de uma nota insana
nos domínios da razão

um minuto de atraso
traz aos trajes do rigor
outra espécie de conforto:
somos humanos,
somos falhos

→

há beleza nas encostas,
nos terrenos escarpados,
na cacofonia,
assimetria,
desalinho,
nos cabelos despenteados...

só pode haver virtude
onde há imperfeição

Obra

preciso aprender
agricultura
preciso aprender
jardinagem
e saber que
a chuva e o sol
o calor e o frio
são tempos bons
para a terra:

um tempo
para colher
um tempo
a semear
um tempo
feito de espera

quero plantar
o meu prato
e ornar
meu jardim
com os adornos
de cada estação

preciso aprender
pintura e
carpintaria

→

quero fazer
meu telhado
e cobrir
as paredes
com finas
demãos de tinta

preciso aprender
como se ligam
os tubos
de encanamento
os cabos
de energia
o caminho
das águas
os fios
da vida

→

preciso aprender
a tecer
conjugar
a agulha e
a linha
vestir-me
de linho e
algodão
cobrir-me
de lã
despir-me
de luxos

preciso ler mais
preciso de estudo
aprender
fotografia
revelar
no quarto escuro

preciso tocar
um instrumento
preciso de versos
doces
simples
profundos

→

preciso melhorar
o meu canto
o meu traço
o meu laço
com o mundo

preciso de espaço
no peito
para mais
coração
preciso do meu
coração
em outro peito

preciso de água
e cimento
preciso de pedra
e de cal
uma casa
e um quintal

preciso de chão
e de leito

preciso de um lar
p'ra existir...

Andares

Mais jovem
    do que era
      era
  o que parecia

ela descia
    as escadas
    enquanto
      ele subia

o que pode ser
      mais casual
     que os degraus
de duas vidas?

zigue-
  -zagues
     desencontram
   causam
tombos
   traçam
     encontros
   contam
histórias
   pelo meio
     de quem ia
    e
de quem vinha

       →

coinci-
-deram
seus destinos

de onde vinha
a vida dela?
para onde
ele partia?
e o que depois
fizeram?

Ninguém sabe,
a história
é minha

Matiz

na moldura
mora
o quadro
pronto

no pintor,
o retrato
inacabado

pelo quadro,
pode-se amar
o pintor

pelo pintor,
pode-se amar
quadro
a
quadro

Sua sombra

In-
si-
nua-se
sutil
sussurra
soa
ave
lã
suave
aos olhos
seda
ao toque
sensível
sem se ver
visível
sem se ter
à luz
se nua
ou
não

Giverny

Muitos anos
se passaram
 e passarão
até que o olhar
seja preciso
ao captar
a imprecisão:

luz do sol
que incide
sobre as águas
 e insinua
mar - ilhas
maravilhas
refletidas
neste poço,
nesta poça,
neste charco

→

variação
de luz
das horas,
da água
da chuva,
o mar
agora
em
cataratas...

ainda é
preciso
mais olhar

Canção do Idílio

Minha pátria
não tem terra,
não tem guerra,
só tem ar

O ar que
aqui existe
é igual
ao ar de lá

Pelas ondas deste ar
vagam guitarras e violas,
petizada e curumins,
batucada e xilofone,
bom p'ra você,
som para mim

Minha pátria
não tem produto,
não tem mercado,
nem prateleiras

tem os pratos
sobre a mesa,
tem a beleza
e a necessidade
de que se faça
cada ofício

$\rightarrow$

Minha terra
 neste ar
  de si
 se integra,
tem Gonçalves, Noites, Dias,
tem Leminskis,
    Stravinskys,
    Stradivarius,
tem Pintassilgos,
    Santos e Silvas,
tem Silvestres,
    Aves e Alves,
tem Rochas, Costas,
    Mares, Areias
e tem de Andrades, Campos...
tem Borges,
tem Oliveiras,
tem Ocidentes e Orientes
    altos, médios e baixos
e é bem por isso
que é mais azul.

Amor (de A a R)

O amor é a busca do outro,
A perda
        é a falta

O amor é a benquerença,
A rejeição
        é a falta

O amor é a saudade,
O esquecimento
        é a falta

O amor é fé,
A descrença,
        a falta

O amor é o perdão,
A falta
        o nega

O amor é livre,
A prisão
        é a falta

O amor é coração,
O ódio
        é a falta

O amor é alegria,
A tristeza
        é a falta

→

O amor é uno,
O que divide
       é a falta

O amor é a beleza,
A falta
       não a enxerga

O amor é justo,
O desajuste
       é a falta

O amor é o equilíbrio,
A queda
       é a falta

O amor é paz,
A ira
       é falta

O amor é vida,
A morte
       é a falta

O amor tudo responde,
A falta
       é o que nos cala.

Cântaros

A chuva cai...
guarda-chuvas e sombrinhas
são telhados de pessoas
que caminham

Guaches se desmancham
           no horizonte do olhar:

Pernas que passam
                  calçada abaixo,
calçada acima,

           carregam
magrittes, matisses,
           motivos persas,
peças inteiriças
sobre tecidos,

           encontram-se às pressas
e teimam em colorir
           o dia que se cinza

Seu riso é maçã verde,
a manhã se faz ainda...

era criança

era criança,
ficava
ao portão

pela calçada
        passavam:

uma mulher
que ia
comprar pão

um grupo de homens
em direção
ao trabalho

estudantes
com hora
de entrar na escola

vendedores de
chama lá
sua mãe

movimentos
contra a ditadura,
contra a dentadura;
a favor
        dos dentes naturais

→

um cego
            guiado
pela bengala

a moça
que eu queria
namorar...

hoje,
no fim da tarde,
quando voltava
pela calçada,
vi uma criança
ao portão

perguntei-me
o que ele
se perguntava

alguns metros
            à frente,
seguia a moça
que eu queria
namorar...

Rua Lídia, 105

Nasci na Rua Lídia,
número 105

Brincava na Rua Lídia:
esteca,
bolinha de aço,
de vidro,
esconde-esconde,
mandrake-sem-rela –
morava no 105

Da Rua Lídia
eu ia
à escola,
parque,
campinho de várzea,
circo –
voltava ao 105

Depois de crescido,
da Rua Lídia me fui:
fui plantar estudo,
carreiras em terra,
profissão;
fui colher amor,
poesia,
sonho –
uma morada no ar
construí

→

O vento soprou horas,
                anos;
o tempo somou sol,
            sombras,
 tomou o lugar p'ra si

Na Rua Lídia,
a casa
não é mais lar:
Cento e cinco,
cinco irmãos,
nessa rua
não há mais

51

sei-o-seu

um homem crescido,
no seio de uma mulher,
dorme menino

Linhagem

Meus ídolos
caem,
levantam
e com o peso
e a leveza
convivem

Meus ídolos
são carne
e com o tempo
desossam,
deixam de ser
moços,
sem rusgas

Meus ídolos
ganham,
perdem,
persistem

Meus ídolos
têm barba,
vergonha,
vaidade,
virtude

→

Meus ídolos
são barro
da cabeça
aos pés,
No barro
se amassam
até serem
o que são

Meus ídolos
são
luz
e sombra

Meus ídolos
falham,
se emaranham
na vida
e da vida
se enamoram

Meus ídolos
não se matam,
mas sabem morrer
e quando não morrem
sobrevivem,
vivem além

→

Meus ídolos
 percebem
 as musas
e as vestes
 que usam
entre a verdade
 e o sonho

Meus ídolos
são seres humanos
que intuem
 sabedoria,
 beleza,
desenham asas
 em pedras,
 escavam
 palavras
 no solo
 até terem
 flores
 nas mãos

$\rightarrow$

Meus ídolos
vivem
na Terra
caem,
levantam,
às vezes,
alçam voos
mais altos,
tocam o céu
e trazem
ao chão
lembranças,
herança,
o que temos
de Deus
em nós
e que não
se pode
apagar

Meus ídolos
nem sempre
sabem
o que são...

caça-hai-ku

```
L E R P O F O R A D I V X U V A
Z É N H T Y O M C H Á O I D B Õ
T O A K Q U A L U P A D E S T I
O V O X I S E G N I K Á M A S T
L I Ç Ã S A R T E L E D A Ç A C
G O Y E L A N P A D I O R Í R S
K L Ô M E T R I Â N G U A É N D
V A S I G P Z E N T O U N Ç A N
P E Ç U N L A I B É R O H Ô D U
D O M I N H A P O E S I A É I O
A N E U N A V O L T L Á D R I N
Q U E D Y T J O F D T R A E X Õ
```

emaranhada,
minha poesia é
caça de letras

Havaí, por aí

ukulelê
hula-hula
penteado preso
a laquê

éramos
reis da bossa

éramos
reis do futebol

éramos
reis do iê-iê-iê

éramos
 robertos
erasmos

éramos
crianças
querendo
crescer

paz e
amor

éramos
 mais que
eu e você

via satélite

uma antena
posta, ali,
  de pé
para distribuir
  os sinais
dos satélites

  a lua,
satélite natural,
  caprichosa
    e cheia
  se punha
sobre a antena

era madrugada
e meus olhos
brincavam
de bilboquê...

Semana

Sinto
pelos grandes homens,
mas

aprendi com as passadeiras,
  com quem lava o quintal,
    poda as plantas,
    retira as ervas daninhas,
aprendi com as costureiras,
  com quem prepara a receita,
  com quem limpa e
    rala o milho,
aprendi com as segundas-feiras,
   feira livre de todo dia,
que os grandes feitos
são belos,
mas

o bem feito
tem de ser
feito bem
e todo dia
p'ra que a gente
encontre sempre
tudo bem e arrumado

A semana
 soma os dias...

a casa pronta

encerávamos os tacos
de madeira

esperávamos secar

passávamos
a enceradeira

"hoje à noite
 teremos visitas"
"será que vão
 reparar?"

protegíamos o chão
com folhas de jornais,
                    revistas
                    lidas
de outros dias
"que horas
 vão chegar?"

aqueles eram tempos
de tirar os sapatos
para entrar

→

as ruas
eram de terra

chovia

solas cheias
        de barro
paravam
antes da soleira

"ô, de casa!"

toda a gente
descalça:

pés em pelo
meias novas

sem sapatos:
todos iguais
entre os pés
da mesa

era hora
da ceia

→

conversa
de bocas,
    talheres,
    homens,
    crianças,
    mulheres...
o tilintar
de copos
    taças,
votos e
sonhos
de um mundo
melhor

lembro de onde
        e quando
o tempo era
de tirar o chapéu

goma

era
amarela
a moldura
da figurinha

amarela
a foto de
ademir da guia

colava
tenaz

uma página
cheia,
a outra
vazia

pela calçada
seguia

ela
nem nascera e
eu
já a conhecia

amarela
a memória
daquele dia

Café

plantio
        de café
colheita
        de café
            e a fé
no amanhã

a torra
        do café
o grão
o moedor
o pó
        de café
            e a fé
no amanhã

papai
na roça,
mamãe
no cafezal,
cantiga
de ninar:
cedo tem
família
à mesa
        p'ro café
da manhã

→

os lábios
na borda
da xícara

a borra
        do café
            e a fé
no amanhã

o cheiro
        do café
passado
na hora

a lembrança
de ontem
        era a fé
no amanhã...

Faber-Castell

escrevia
a lápis

para poder
errar

desenhava
a lápis

para que,
preciso fosse,
pudesse apagar
o traço incerto

lápis preto
número dois

cinza-grafite:
meus dois olhos
viam assim

na mão direita,
o lápis

→

na esquerda,
uma borracha
        branca
        macia
esperava

a direita
não sabia
o que a esquerda
apagava

um apontador
para afinar
o traço

roda
madeira
colhia
rosas
do chão
p'ra brincar

faber-castell
fazia castelos

→

desenhos que,
depois, coloria

asa de anjo
nuvem no céu
ou flor de algodão?

risco
rabisco
garrancho

um esboço
num outro canto
da folha

muito de mim
não quis apagar

hertzianas

minha mãe
só ouvia
rádio AM

rádio à válvula
rádio à pilha

rádio AM
um canto da sala

rádio AM
no guarda-comida

rádio AM
sobre a pedra da pia

rádio AM
bem perto do tanque

ondas longas
quem media?

ondas médias
minhas memórias

$\rightarrow$

ondas curtas
quem curtia?

minha AM
mamma mia

rádio AM
    AMinha mãe
     Minha mãe ouvia...
x i i i i i i i i i u

Nata

A madona
de dedos longos
dá de mamar
ao bebê
em seu peito
desnudo

Visto, assim,
nesse retrato,
no leite
por nós
derramado,
todo bebê
é luz,
todo bebê
é anjo,
menino ou
menina,
todo bebê
é jesus

embrião

Nasci
porque assim era
o amor

Nasci
porque o encontro
foi primavera
e a luz
foi outono,
nasci

Nasci
porque meu irmão
precisava de um
irmão,
nasci

Nasci
porque as famílias
assim criam
Crescei e multiplicai

Nasci
porque assim
me queriam
criança

→

Nasci
porque havia progresso,
futuro,
esperança
por vir
eu nasci

Nasci
porque é necessário
viver e porque
a vida me quis,
nasci

Vivo
porque as semanas
são versos
que correm
pelo calendário
vivo

Vivo
porque assim
é o amor
e no amor
se renasce,
nasci

embaralhados

nasemmãosnossasdelesmãos
espadasumparacoraçãomatar
adepausouro
♥encemos

TEMP90

Apêndice I

muro – colagem

Dias 17 e 18 de setembro

a partir das 20 horas

apresentação da banda

Placa Iluminada

shows imperdíveis no

Sunday's Club

garanta seu ingresso

Tel. 208-2326 ou 209-1520

Circo Orlando Orfey

de volta à nossa cidade

curta temporada

O maior espetáculo da Terra

Não perca!

Av. Máximo Gonçalves

(em frente à Eletroradiobraz)

Espetáculos todas as noites

Matinês de sexta a domingo

Blue Cat Dance Hall

Grande Baile de

Inauguração

Sábado

08 de outubro

Mulheres não pagam!

Pça. Getúlio Vargas, nº 15

Festa de Peões e Boiadeiros

Rodeio

Música ao vivo

e a presença de

Texas Bull

Dia 16 – Domingo

às 16 horas no

Centro de Exposições

O Clube Filarmônica

apresenta:

"O Casamento de Fígaro"

peça executada pelos

músicos do

Conservatório Municipal

única apresentação

19 de novembro – às 20 horas

(retirada de convites na recepção)

2° FETEAMA

Festival de Teatro Amador

Inscrições abertas

Regulamento e Informações

na Secretaria de Cultura

Tel. 613-1815

(em horário comercial)

Nilo & Tâmisa

juntos

pela primeira vez!

uma noite inesquecível

Auditório Mário Rios

10 de dezembro

às 19 horas

Aluga-se casa
na praia
tratar com

Vote
em quem
vota
igual a
você

Pensão para
rapazes
e moças

	índice-apêndice	dias férteis
105	tabuleiro	10-11/ dez./ 2016
103	Encomenda	14/ set./ 2012
99	Um banco. Um jornal. Um jardim.	18/ set./ 2014
97	Terno	11-12/ mai./ 2011
95	palavra por palavra	03/ dez./ 2006
93	Sonho de Valsa	05 e 06/ jul./ 2006
91	sob seu sol	31/ jul./ 2017
89	entre os Mouros	12-13/ mar./ 2016
87	Tela Viva	07/ jul./ 2013
83	Mais que perfeito	04/ dez./ 2008
81	guache	16/ agosto/ 2012
79	Tábuas da Lei	11/ set./ 2016
77	Sorrateiros	08/ jan./ 2014
75	joio	16/ ago./ 2007
73	Obra	18/ jun./ 2014
69	Andares	03/ dez./ 2012
67	Matiz	06-07/ mar./ 2014
65	Sua sombra	19-20/ dez./ 2007
63	Giverny	02/ mai./ 2007
61	Canção do Idílio	14/ jun./ 2007
59	Amor (de A a R)	22/ jan./ 2010
57	Cântaros	31/ jan e 01/ fev. / 2008
55	era criança	11/ abr./ 2017
53	Rua Lídia, 105	19-20/ jan./ 2013

51	muro	07/ jul./ 10-17/set./2010
		arte final: 17-18/out./ 2010
49	sei-o-seu	12/ abril/ 2008
47	Linhagem	19-20-26 e 27/ novembro/ 2010
43	caça-hai-ku	15/ nov./ 2017
41	Havaí, por aí	07/ jan./ 2017
39	via satélite	25/ jan./ 2016
37	Semana	01/ set./ 2007
35	a casa pronta	23/ dez./ 2016
31	goma	07/ mar./ 2016
29	Café	05/ mai./ 2015
27	Faber-Castell	25-26/ fev./ 2016
23	hertzianas	07-08/ out./ 2007
		ajustes: 06-07/ set./ 2017
21	Nata	10/ set./ 2007
19	embrião	15-16/ out./ 2007
17	embaralhados	16/ jan./ 2007
15	TEMP9-0	12/ abr./ 2012

Posfácio
Por Wagner Hilário

O caminho, em versos, ao ventre eterno.

O filósofo alemão Arthur Schopenhaeur escreveu que "a vida pode ser comparada a um bordado: no começo, nós a vemos de frente, no final, do avesso. O avesso não é tão bonito, mas é mais esclarecedor, porque deixa ver como foram dados os pontos".

Os pontos da vida de um poeta são dados em versos e não importa de que lado se leia o bordado, a poesia só tem valor quando é sincera e, se é sincera, não tem frente nem avesso, é sempre verso e ponto... para a alma; é voto de fé na humanidade.

Este "embrião" de César é a prova de que a alma do homem pode ser a obra do poeta e que, assim, em síntese, sem distinção, são atemporais: de trás para frente, de frente para trás; num tempo que há de ser ou num tempo que já foi jamais.

Não é tarefa fácil escrever um posfácio que prepara o leitor para um fim que é começo, sobre uma obra que subverte a ordem natural do tempo e das páginas, com singela naturalidade, que revela ser, de fato, toda morte, um nascimento, cada nascimento, uma morte.

"embrião (poemas)" é o nono livro de César Magalhães Borges. Nove, na numerologia, é o último número: significa, grosso modo, o final de um ciclo e o começo de outro; seu decimal é a sabedoria, porque traz, em si, a vida de todos os outros numerais.

Borges sempre foi poeta, desde antes do ventre: esta obra atesta. Nela, há 40 poemas, que valem por mais de uma vida e uma vida, bem sabe César, cabe em 40 semanas de gestação e em cada poema, concebido, gestado e parido ao longo de uma existência.

Este lindo memorial poético parte de um "tabuleiro" que encerra e embrulha num só presente – talvez a "morte" – todo o compartimentado tempo. Entrega, sob "Encomenda", a revelação de que a essência, de cada um, é a eternidade, em detalhes, de uma personalidade.

A obra segue o lírico caminho ao ventre, passa por amores que só são amáveis e ternos quando inspiram, por palavras que só são amores quando significam e só significam quando fazem parte de algo e de alguém. Deixa para o futuro a saudade e avança para um passado "Mais que perfeito".

Pinta, suave, de luz e escuridão o mesmo cenário, para mostrar que Deus é dia e noite num só horizonte: "guache". Passa por ídolos de carne e osso, feitos do olhar do poeta quando moço, mas também do olhar dos outros, que os unge de mundo, assim na terra, como no Céu.

Chega à infância, às cores sempre vivas de adultos que são mais sonhos que verdades. Mas quem tem coragem de dizer que sonhos não são verdades? César, então, chega, e nos leva junto, ao seio materno, ao amor que nos sacraliza a cada gole de infância e de vida.

Por fim, o poeta nos mergulha no ventre. Descobre-se que, antes da vida, não há tempo. Descobre-se que, quando houver vida e tempo, o que talvez seja sempre, haverá também só um caminho a seguir, não importa quão "embaralhados" estejam nossos pensamentos.

Mas que caminho é esse? Descubra, a resposta está nas entrelinhas...

Esta obra foi composta em Myriad e impressa
em papel offset 90 g/m² pela Lis Gráfica para
Editora Reformatório em fevereiro de 2018.